DIE OFFENEN

Musikalische Frühförderung in Bedburg

Marianne Quast

Kindergarten St. Willibrord
in Bedburg bei Köln

45

ISBN 978-3-938088-48-7
1. Auflage November 2016

Bibliographische Information der Deutschen Bibliothek:
Die Deutsche Bibliothek verzeichnet die Publikation in der Deutschen Nationalbibliothek; detaillierte Daten sind im Internet über http://dnb.ddb.de abrufbar.

Umschlag: Andreas Willisch
Buchblock: Hans-Jürgen Wiehr

Druck und Vertrieb: Books on Demand GmbH, Norderstedt
Printed in Germany

Inhalt

Vorwort der Stiftung

Stimme wird zur Sprache
Sprache wird zum Gesang
Gesang wird zur Musik.

Stimme haben viele Geschöpfe
vom Schnattern zum Zwitschern
vom Grunzen zum Brüllen
vom Mienzen zum Bellen

Sprache hat allein der Mensch
auf Kontinenten und Ländern
auf Griechisch und Latein
in Mundart und Dialekten

Gesang ist allen Frohnaturen
dem Zecher und dem Wanderer
den ganz Jungen und ganz Alten
dem Sucher und dem Finder

Musik aber ist den Göttern
Musik hebt uns in himmlische Sphären
Musik den Kleinen für einen himmlischen Weg
durch die Welt.

Hans-Joachim Lenz
Stifter und Vorstand

Dr.-Ing.-Hans-Joachim-Lenz-Stiftung
Stiftung zur Erneuerung geistiger Werte

Danksagung des Kindergartens

Unsere Einrichtung besteht aus 3 Gruppen, in denen ca. 55 Kinder im Alter von 0,4 – 6 Jahren betreut werden. Als Wegbegleiter möchten wir den Kindern vielfältige persönliche Lernprozesse ermöglichen, bei denen Erfahren, Entdecken und Erforschen am Anfang stehen. Bewegung, Sinneswahrnehmung und Erkenntnisse möchten wir im Bildungsprozess miteinander verknüpfen. Daher sind unsere Angebote so gestaltet, dass ein Lernen mit allen Sinnen – ein ganzheitliches Lernen – möglich ist.

Wichtig für unsere Arbeit ist, dass die Kinder die Möglichkeit bekommen, mit Freude und Neugier zu forschen und zu entdecken, mit allen Sinnen wahrzunehmen und zu begreifen. Dies ist in musikalischen Angeboten sehr gut möglich und daher ist uns die Förderung der musikalischen Intelligenz ein großes Anliegen und nimmt einen besonderen Platz in unserer Arbeit ein. Die Tatsache, dass unser Gehirn sehr stark rhythmisch arbeitet, bestätigt uns, auch der Musik eine besondere Bedeutung zu schenken. Wurde die Musik lange Zeit in der Arbeit mit Kindern unterschätzt, belegen mittlerweile zahlreiche Studien, dass aktiv musizierende und musisch geförderte Kinder Vorteile in vielen kognitiven Bereichen haben. Außerdem leisten musikalische Angebote einen nicht zu unterschätzenden Beitrag zur sprachlichen Förderung und Entwicklung von Kindern.

Neben Angeboten, die von den Erzieherinnen der Einrichtung durchgeführt werden, sind wir sehr froh und dankbar, dass wir uns mit Hilfe der Stiftungsgelder auch fachliche und kompetente Unterstützung durch Frau Marianne Quast als Musikpädagogin holen konnten. Frau Quast ist sehr in das Kindergartenteam integriert und wir sind froh, in einem regen Austausch mit ihr zu stehen.

Impulse und Anregungen durch die Arbeit von Frau Quast mit den Kindern bekamen wir für unsere eigene Arbeit in folgenden Bereichen:

- eigenes Singen und Musizieren,
- Hören lernen,
- aufmerksames Hören von verschiedenster Musik,
- Umsetzung von Musik in Bewegung,
- Malen zu Musik,
- Ausprobieren von Reimen und Rhythmen,
- freie Improvisation,
- Kennenlernen des Orff´schen Instrumentariums,
- Verklanglichung von Geschichten.

Die Kinder freuten sich immer sehr auf die Treffen mit Frau Quast und nahmen mit großer Freude teil. Oft hörten wir auch Tage später noch Lieder, Spiele oder Übungen, die die Kinder im Freispiel aus den Musikeinheiten mitbrachten. Auch von Eltern bekamen wir immer wieder positive Rückmeldungen.

So konnten alle Kinder ab 2 Jahren kostenlos an einer wertvollen musikalischen Frühförderung teilnehmen und haben dadurch sicher sehr für ihre weitere Entwicklung profitiert. Das Angebot war für unsere Arbeit eine große Bereicherung. Dies wäre nur über die Mittel des Familienzentrums nicht möglich gewesen.

Daher gilt der Stiftung nochmals ein herzliches DANKESCHÖN, dass dies möglich war!

Im Namen aller Kinder, Eltern und Erzieherinnen

Irmgard Rüttgers
Leiterin der Kindertagesstätte St. Willibrord in Bedburg bei Köln

Worte der Projektleiterin

Es war ein erfülltes und buntes Jahr im Kindergarten „St. Willibrord" in Bedburg. Ich bin sehr gerne so früh aufgestanden, um die lange Fahrzeit vom Kölner Süden bis an die Erft zu bewältigen. Kinder, die in einer eher ländlichen Gegend aufwachsen, unterscheiden sich doch merklich von denen, die in der Stadt leben. Sie können sich länger konzentrieren und sind mit Freude und aufgeschlossen bei der Sache. Neue Lieder und Bewegungseinheiten zur Musik sind von den Kindern begeistert aufgenommen worden. Auch Inhalte, die über mehrere Wochen weitergeführt wurden, konnten in den Ablauf der musikalischen Einheiten leicht eingegliedert werden. Die Kinder gehen aufeinander zu, sind offen und hilfsbereit, was meine Arbeit im Kindergarten „St. Willibrord" erleichtert. An dieser angenehmen Atmosphäre tragen nicht zuletzt Frau Rüttgers, die die Einrichtung kompetent und kollegial lenkt und leitet, und das liebevolle und aufgeschlossene Team der Erzieherinnen bei. Nie hatte ich das Gefühl, nur Gast zu sein, sondern bin bestens aufgenommen worden. Die verschiedenen musikalischen Projekte werden sehr wohlwollend unterstützt. Auch die Kinder spüren, dass die Musik eine wichtige Rolle im Kindergarten einnimmt.

Ich bin dankbar, dass das Projekt durch die Zuwendung der Dr.-Ing.-Hans-Joachim-Lenz-Stiftung finanziert werden konnte. Kindern zu helfen, klare Ausdrucksformen in Sprache, Körpersprache und Rhythmus früh zu verinnerlichen und im alltäglichen Umgang zu stabilisieren, ist so wichtig für deren Zukunft und die Entwicklung von mehr Empathie im täglichen Leben.

Auf den folgenden Seiten wird von einem kreativen Jahr berichtet, das nicht nur den Kindern viel Freude bereitet hat. Auch ich profitiere von den sichtbaren Entwicklungen, die besonders bei den Kleinsten spürbar sind und mich oft zu neuen Ideen inspirieren. Es ist sehr schön, eine Arbeit tun zu dürfen, die motiviert und augenscheinlich viel Sinn macht. Besonders freuen mich die Rückmeldungen der Eltern. Sie erleben die harmonisierende Wirkung der musikalischen Frühförderung bei den Eltern-Kind-Aktionen und auch zuhause, wie eine Mutter berichtet:

„Claudia ist jetzt 5 und seit über zwei Jahren bei den regelmäßigen Musikeinheiten dabei. Sie nimmt sich öfters zuhause die kleine Kindergitarre und macht Marianne nach. Sie singt ganz laut das Begrüßungslied „Hallihallo, herzlich willkommen!" Daran kann man u. a. merken, dass es ihr viel Spaß macht, was sie auch sagt, wenn man sie danach fragt. Sowohl im Kindergarten als auch bei den Eltern-Kind-Nachmittagen ist sie sehr gerne mit dabei. Ich selbst finde an den Eltern-Kind-Nachmittagen gut, dass alle eingebunden werden, nicht nur musikalisch, sondern auch in Bewegung. Ein guter Mix zwischen Musik und Kontakt zwischen Eltern-Kind, nur Kinder, Marianne-Kind oder nur Musik. Zudem sind die Aktionen immer der Jahreszeit angepasst bzw. was derzeit im Kindergarten aktuell ist. Claudia hat vor einigen Monaten die Geschichte ‚Peter und der Wolf' sehr gut gefallen. Sie erzählt die ganze Zeit davon – immer noch."

Mein Dank gilt besonders Herrn Dr.-Ing. Hans-Joachim Lenz, Frau Dr. Gabriela Wolf, Frau Angelika Humann und allen, die im Hintergrund mitgewirkt haben.

Marianne Quast, Projektleiterin

1 Idee und Konzept

Musik ist ein elementares Ausdrucksmittel für jeden Menschen. Das Potential zu singen, zu hören, sich zu einem Rhythmus zu bewegen und Musik zu verstehen, trägt jedes Kind in sich. Je früher die Musikalität eines Kindes angeregt wird, desto besser, denn in den ersten Jahren verarbeitet das Kind seine Erfahrungen über alle Sinne. Das bildet die Grundlage für jedes weitere Lernen und für ein menschliches Miteinander. Musik unterstützt diesen Prozess, wie einer Erzieherin beobachtet: *„Die musikalische Früherziehung bei uns im Kindergarten fördert das gesamt Wohlbefinden der Kinder positiv. Sie kommen gut gelaunt von der Musikstunde, sind fröhlich und begeistert."*

Ein Schwerpunkt der musikalischen Früherziehung ist die Unterstützung der Intelligenz und des emotionalen Ausdrucks durch den kreativen Einsatz verschiedener musikalischer Elemente. Auf diese Weise soll die besondere Begabung jedes Kindes herausgefunden und gefördert werden. Denn jedes Kind ist begabt. Und: Jedes Kind ist anders. In den Fördergruppen wird der individuelle Entwicklungsstand erfasst und das schöpferische Verhalten und die Sozialkompetenzen der Kinder mit Hilfe der breiten musikalischen Möglichkeiten angeregt. Dazu eine Erzieherin: *„Es ist sehr schön zu erleben, wie viel Spaß und Freude die Kinder an den Musikeinheiten haben. Durch die eigenständige Arbeit von Marianne ist das Angebot nicht nur eine große Bereicherung, sondern auch eine Entlastung für uns."*

Kinder entwickeln sehr rasch die wichtigsten Fähigkeiten: Sie bilden ihren Bewegungsapparat aus, lernen zu sprechen und erforschen ihre Umwelt, indem sie beobachten, imitieren und ausprobieren. Musik fördert in besonderer Weise diesen Prozess. Die Kleinen erhalten die Möglichkeit, durch eigenes entdeckendes und angeleitetes Lernen ihr natürliches Spiel mit allen Sinnen, mit der Stimme sowie mit Instrumenten und Bewegung zu festigen und zu entwickeln.

Carl Orff (1895–1982) zählt zu den Ersten, die die Bedeutung der Musik für die Entwicklung der Kinder erkannt und musikpädagogische Konzepte entwickelt haben. Im Orff-Schulwerk wird fantasievoll mit den Elementen Musik, Sprache und Bewegung in der Früherziehung umgegangen.[1] Auch der japanische Keyboardhersteller und Konzerngründer Torakusu Yamaha (1851–1916) schuf Ende der 1970er Jahre gemeinsam mit Ärzten, Pädagogen, Musikern und Erziehungswissenschaftlern ein Programm der musikalischen Frühförderung speziell für Kindergartenkinder.[2] Damals standen allerdings eher die elektronischen Tasteninstrumente der Firma im Vordergrund. Nachfolgeangebote nahmen dann wieder die Orffschen Klanginstrumente auf. Heute ist die musikalische Frühförderung ein spezieller Teil der Elementar- und Sozialpädagogik und wird an Fachschulen und Universitäten gelehrt.

In ihrem Buch *Musik macht klug* [3] beschreibt und belegt die Musikpädagogin Dorothée Kreusch-Jacob, dass Kinder, die früh mit

Musik in Kontakt kommen, oft Musik hören oder ein Instrument spielen, eine höhere Intelligenz und mehr Kreativität im Denken als andere entwickeln. Sie sind zudem ausgeglichener und kommunikativer und verhalten sich sozialer. Gehirnforscher haben beobachtet, dass Kinder, die im Vorschulalter Klänge unterscheiden lernen, auch früher und leichter lesen lernen.

Im Mittelpunkt der musikalischen Früherziehung stehen das gemeinsame Singen und das spielerische Entdecken einfacher Instrumente. Am wichtigsten jedoch ist es, die natürliche Offenheit für die Musik, die in jedem Kinde wohnt, mit Freude und Spaß zu erhalten und zu fördern. Dies ist letztendlich ein ganzheitlicher Prozess, welcher darüber hinaus auch Sprachentwicklung, Sensibilisierung des Gehörs und Raum- und Körpergefühl einbezieht. Die Kinder werden an das Singen, an Instrumente und auch an die verschiedenen Formen von Musik herangeführt. Wichtig ist, dass jedes Kind Spaß daran hat, es sich in seinem „So-Sein“ willkommen fühlt, die Beschäftigung mit der Musik seine Lebensfreude fördert und weder Leistungsdruck noch Bewertung mitschwingen. Dazu Eindrücke der Erzieherinnen:

„Alle Kinder kamen immer gut gelaunt von den Musikeinheiten zurück. Auf Nachfrage sagten sie, besonders das Ausprobieren der verschiedenen Instrumente habe ihnen sehr viel Spaß gemacht. Das altbekannte Lied ‚Meine Oma fährt im Hühnerstall Motorrad‘ ist noch immer sehr beliebt. Besonders, wenn die Kinder neue verrückte Strophen erfinden und zusammen singen.“

„Meine Kinder aus der Regenbogenfische-Gruppe sind mit die Jüngsten und erzählen viel über die Musikstunde mit Marianne und freuen sich, danach zeigen zu dürfen, was sie gemacht haben.“

„Die Rückmeldungen der Kinder, aber auch seitens der Eltern ist sehr positiv. Ein ganz besonderes Erlebnis für unsere schon älteren Kinder aus der Eisbärengruppe war, als sie ‚Peter und der Wolf‘ kennengelernt haben. Davon erzählen sie heute noch.“

Über pädagogische Inhalte tauschen wir uns regelmäßig aus, so dass die musikalischen Einheiten immer in das Gesamtkonzept des Kindergartens hineinpassen. So wurde gemeinsam für jedes Kind eine Note gebastelt und mit dem Namen beschriftet, denn jedes Kind hat seinen eigenen Klang, der sich auch im Namen wiederfindet. Man kann diesen Klang hören, indem man den Namen spricht und singt, und zudem entdecken, dass es hier auch einen Rhythmus gibt. Die Namen aller Kinder zusammen ergeben eine großartige Kindergartenmusik! Für jedes Kind wurden Klang und Farbe als Note dargestellt und auf einem großen Plakat im Flur des Kindergartens aufgehängt.

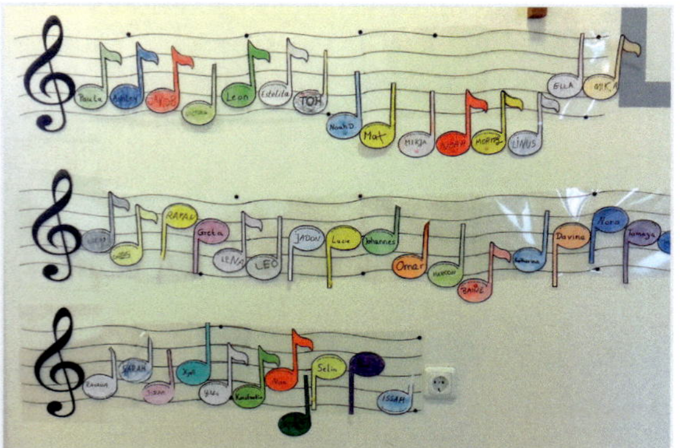

Jedes Kind hat seine Eigenheiten und es muss auch Hürden bewältigen. Beispielsweise brauchen Kinder mit Migrationshintergrund viel länger, um die Sprache zu verstehen, und verhalten sich in der musikalischen Frühförderung daher oftmals defensiver als Gleichaltrige ohne Migrationshintergrund. Als Ausgleich stellt man andere Fähigkeiten, die nicht so sehr an das Sprechen gebunden sind, in den Vordergrund: Tiere nachahmen, Rhythmikspiele, Instrumente ausprobieren oder tanzen. Schnell werden die weniger sprachgewandten Kinder zu einem gleichwertigen Teil in der Musikgruppe.

Freude und Interesse an der Musik wecken und vertiefen
Kinder lieben Musik. Ihre Freude und Lust am Musizieren soll geweckt und vertieft werden, denn was Kinder mit Freude tun, verinnerlichen sie langfristig. In den musikalischen Einheiten mit den Kindern geht es vornehmlich um Spiel und Spaß als Möglichkeit des emotionalen Ausdrucks und nicht um Leistung.

Wahrnehmung fördern und stärken
Wahrnehmen ist ein aktiver Prozess, bei dem das Kind sich an einem Geschehen beteiligt. Es beobachtet, es hört akustische Ereignisse, es differenziert und ordnet zu. Im Singen, Musizieren und Bewegen werden Signale an die Sinne, die Seele und den Geist des Kindes ausgesendet. Diese Impulse werden zur Grundlage wichtiger Lernvorgänge. Jedes Kind wird ermutigt, aktiv an den Musikeinheiten teilzunehmen, und lernt intensiver wahrzunehmen und kann somit Erlebtes sicherer wiedergeben. Die Stärkung der mentalen Konzentration und Auffassungsgabe fördert die Beobachtung der musikalischen Ausdrucksformen. Das Kind gewinnt zunehmend an melodischer und rhythmischer Sicherheit. Durch Wiederholen von Liedern, Rhythmen und anderen musikalischen Aktivitäten entwickeln die Kinder ein enormes musikalisches Gedächtnis, so dass sie musikalische Strukturen sehr differenziert wahrnehmen können. Das Kind soll in den musikalischen Angeboten möglichst viele Anregungen und Anreize finden, um mit der Musik in einen aktiven Dialog zu treten. Die wöchentliche Wiederholung unterstützt diesen Prozess und fördert die Aufnahmefähigkeiten.

Von Musik bewegt werden
Jede Art von Bewegung ist Voraussetzung für die Persönlichkeitsentwicklung des Menschen und stellt damit ein Grundbedürfnis dar. Diesem Grundbedürfnis wird in unserer musisch rhythmischen Kinderförderung in vollem Maße entsprochen. In jeder Stunde sind die Kinder in Bewegung: im Spiel, beim Tanz, beim Rollenspiel. Bewegung in Wechselwirkung mit Musik erleben heißt, den eigenen Körperrhythmus mit den rhythmischen Impulsen der Musik zu vereinen. Bewegung dient neben der Förderung der sozialen, emotionalen und motorischen Entwicklung der Kinder vor allem auch der rhythmischen Förderung und Schulung.

Freude am Singen und Sprechen und an der Stimmentfaltung
Die Stimme und die Vielfalt ihrer Ausdrucksmöglichkeiten ist ein stets verfügbares Instrument zum aktiven Musizieren. Singen und Sprechen sind bei der musikalischen Früherziehung Ausgangspunkt für viele Aktivitäten. Sie haben in der Gestaltung der Stunden einen zentralen Platz. Yehudi Menuhin (Geiger, 1916-1999) hob die wichtige Rolle des Singens hervor: *„Singen halte ich für ganz wesentlich – es ist der Ursprung aller Musik.“* [4]

Lust am Musizieren
Das Kind kann seinen Körper als Musikinstrument erfahren, sich im Grundschlag wiegen oder damit Geräusche und Töne erzeugen und auf diese Weise seinen Gesang begleiten. Kinderinstrumente, wie beispielsweise eine Erbsenrassel, wurden in diesem Jahr selbst gebastelt. So können die Kinder hautnah erleben, wie Instrumente funktionieren.

Instrumente
Die „echten“ Instrumente üben auf Kinder einen sehr starken Reiz aus. Bei der musikalischen Frühförderung werden sie eingesetzt als Lied-, Tanz- und Bewegungsbegleitung, zur musikalischen Kommunikation, bei der Gestaltung von Klanggeschichten, in der Experimentierphase und bei der Umsetzung musikalischer Parameter: langsam-schnell, laut-leise, hell-dunkel, laut und leiser werden, schneller werden, Spiel und Pause.

Bewusstes Musik-Hören, Hörkonzentration entwickeln
Das Hören wird durch ein ausgewähltes Angebot an akustischen Eindrücken gefördert. Spezielle Aufgaben sollen das Gehör mehr und mehr sensibilisieren. Dazu zählen zunächst Geräusche und Tierstimmen, dann Klänge verschiedener Instrumente und Musikstücke, die zunehmend mit dem auditiven Sinn differenziert und katalogisiert werden.

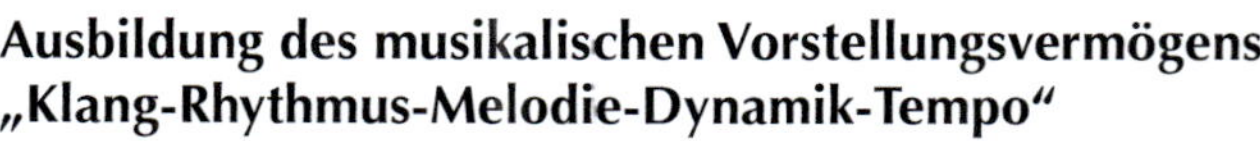

Ausbildung des musikalischen Vorstellungsvermögens „Klang-Rhythmus-Melodie-Dynamik-Tempo“
Um Musik zu begreifen, müssen die Kinder alle musikalischen Parameter durch Singen, Musizieren und Bewegen selbst umsetzen dürfen. Veränderungen in beispielsweise Tempo, Dynamik oder Tonhöhe werden durch praktische Übungen und aktives Musizieren verdeutlicht. Das Kind findet im Tun seinen eigenen Weg zu den Merkmalen der Musik, ihrem Zusammenwirken und ihrer Veränderbarkeit.

In diesem Sinne werden alle musikalischen Einheiten durchgeführt. Die tagesabhängige Befindlichkeit der Kinder hat Vorrang und wird mit entsprechenden Liedern balanciert, bevor die jeweiligen Module thematisch umgesetzt werden.

---

1 Vgl. Orff, Carl: *Schulwerk – Elementare Musik.*
2 Vgl. Mönig, Marc: *Die Pädagogik der Yamaha-Musikschulen. Darstellung, Hintergründe und Kritik.*
3 Vgl. Kreusch-Jacob, Dorothée: *Musik macht klug: Wie Kinder die Welt der Musik entdecken.*
4 Menuhin, Yehudi: *Kunst als Hoffnung für die Menschheit. Reden und Schriften*, S. 133.

Gebt uns etwas, das Herz und Geist zugleich mit den Sinnen ergötze, sagte Wilhelm. Das Instrument sollte nur die Stimme begleiten; denn Melodieen, Gänge und Läufe ohne Worte und Sinn scheinen mir Schmetterlingen oder schönen bunten Vögeln ähnlich zu sein, die in der Luft vor unsern Augen herumschweben, die wir allenfalls haschen und uns zueignen möchten; da sich der Gesang dagegen wie ein Genius gen Himmel hebt und das bessere Ich in uns ihn zu begleiten anreizt.

(Goethe: *Wilhelm Meisters Lehrjahre, 2. Buch, 11. Kapitel)*

2 Aufbau der Musikstunden

Mit der Unterstützung der Dr.-Ing.-Hans-Joachim-Lenz-Stiftung konnte die musikalische Frühförderung ab 1. September 2015 ein ganzes Kindergartenjahr regelmäßig stattfinden. Nicht nur Eltern und Erzieher waren und sind davon sehr angetan, sondern ganz besonders die Kinder, die im Mittelpunkt des Projektes stehen. Sie sind begeistert, dass jede Woche musiziert wird, wie folgende Aussagen zeigen (Um die Anonymität zu wahren, wurden die Namen der Kindern, Eltern und Erzieher verändert.):

Johann (4 J.) *„Ich mag das Urwaldlied. Das haben wir oft gemacht. Ich will dann ein Affe sein oder das Krokodil. Am besten ist es, wenn wir es immer singen."*

Elise (6 J.) *„Tanzen ist super. Das Lied mit der Katze oder mit Anne Kaffeekanne, weil da alle Kinder mitmachen können. Nur beim Pinguinlied wollen alle immer der Eisbär sein."*

Christina (4 J.) *„Die Jungs sind so oft viel zu laut mit den Triangeln. Dann hört man gar nichts mehr, wenn man nebendran sitzt. Die hauen total feste drauf. Wenn ich die Triangel habe, mache ich das aber auch gerne."*

Ben (5 J.) *„Ich finde die Trommel gut. Die großen aus Afrika, die man hinstellen kann. Da kann man so richtig draufpatschen. Manchmal spielen wir ein Gewitter damit. Das klingt wie richtig in echt."*

Luna (3 J.) *„Ich bin eine Musikmaus. Ich klatsche und kann singen: Piep, piep, piep."*

In Abstimmung mit der Kindergartenleitung werden die Kinder ihrem Alter entsprechend in Gruppen eingeteilt. Darüber wird ein Plan erstellt, der allen Erzieherinnen zukommt. Am „Musiktag" werden die Kinder aus den jeweiligen Kindergartengruppen abgeholt und in den „Musikraum" geführt, ein separater Raum, der für die Musikstunden zur Verfügung steht. Um auch die Eltern einzubinden, wird einmal pro Monat eine Eltern-Kind-Aktion organisiert. Die Eltern lernen Lieder, Tänze und Spiele kennen, die ihre Kinder gelernt haben. Beim Schlangentanz zum Beispiel singen wir die Geschichte von einer Schlange, die eines Morgens entdeckt, dass sie ihren schönen langen Schwanz verloren hat. Nun macht sie sich singend auf die Suche und wird mit jedem neuen Kind ein Stückchen länger, bis sie schließlich wieder zu ihrer ursprünglichen Form zurückgefunden hat und fröhlich tanzen kann. Dies ist eines der Lieblingssingspiele der Kinder. Und die Eltern nutzen es gerne bei Kindergeburtstagen.

Die Musikstunden für alle 55 Kinder finden an einem Tag in der Woche statt. Die erste Stunde beginnt um 9:00 Uhr mit den jüngsten Kindern. In der Eingewöhnungszeit ist immer eine Erzieherin dabei, die die Kinder begleitet und das Vertraut-Werden ohne viele Tränen ermöglicht. Bereits nach drei oder vier Mal fühlt sich das neue Kind dann so sicher, dass es alleine mit den anderen am Unterricht teilnehmen kann. Es folgen die Gruppen mit den älteren Kindern der

Reihe nach mit kleinen individuellen Pausen zwischen den Musikstunden, damit die jeweiligen Kinder abgeholt, Instrumente oder andere Utensilien vorbereitet bzw. aufgeräumt werden können. Die Musikeinheiten enden gegen 13:00 Uhr.

Mindestens 10 bis höchstens 13 Kinder sind in einer Gruppe. Dies hat sich sehr gut eingespielt und die Kinder gewinnen Sicherheit durch die festen Zeiten und die bekannten Gesichter in der Gruppe. Diese verlässliche Regelmäßigkeit ist ein wichtiger Grundpfeiler im Leben der Kinder. Sie brauchen klare Strukturen, um sich entspannt neuen Inhalten öffnen zu können. Deshalb ist der Ablauf der Musikstunden immer sehr ähnlich. Zuerst wird die Gitarre aufgeweckt, aus ihrer Hülle geholt und von allen begrüßt. Nach dem Willkommenslied „Halli-Hallo“ kommen die Instrumente aus ihrer Kiste, werden in der Gruppe der kleinen Kinder kurz erklärt, benannt und so in Erinnerung gerufen. In der Mitte liegen die Instrumente und jedes Kind kann sich der Reihe nach eines aussuchen. Eine der wichtigsten Regeln dabei ist, sorgsam mit ihnen umzugehen. Falls doch einmal etwas kaputt geht, wird auch zusammen repariert. Glöckchen können neu am Schellenstab befestigt werden, mit Holzleim werden Klangplatten angeklebt oder die Bänder der Triangeln werden erneuert.

Zwei bis drei bekannte Lieder werden nun zusammen zur Gitarre gesungen und die Kinder begleiten sie mit den Klanginstrumenten. Danach wird oftmals ein neues Lied gelernt, welches thematisch in die Kindergartenzeit passt, und entsprechend eingeübt. Nachdem die Instrumente weggeräumt sind, wechseln wir zum inhaltlichen Teil, zu den drei Schwerpunktthemen: Klanggeschichten mit genauem Hören und Wiedergeben, emotionaler Ausdruck über Musik und Lieder mit Rollenspiel und Tanz. Mit dem Abschlusslied wird jede Musikeinheit beendet und die Gitarre wird von jedem Kind verabschiedet. Das A und O in der Elementarpädagogik sind viele Wiederholungen und kleine Abwandlungen des gleichen Liedes, was Raum gibt für Kreativität und Einfallsreichtum der Kinder.

Hier singen wir das Lied vom Zauberzwerg Ippzippelippzippelonikus, der hinter dem Berg wohnt, unterstützt von eingänglichen einfachen Bewegungen. Sein langer witziger Name wird von den Kindern unter viel Gekicher schnell nachgeplappert.

Genutzt werden die in der Einrichtung vorhandenen Rhythmusinstrumente aus der Elementarpädagogik. Der Kindergarten St. Willibrord hat eine ausgezeichnete und vielfältige Auswahl an Instrumenten. Sogar einige Klangschalen in unterschiedlichen Größen sind vor Ort. Bei den Kindern sind besonders die Glockenspiele und die afrikanischen Djemben beliebt und werden öfter in die musikalischen Einheiten integriert. Aber auch Rasseln in verschiedenen Größen und aus unterschiedlichen Materialien, große und kleine Klangstäbe (Claves), Schellenkränze, Schellenringe, Holzblock- und Handtrommeln, Triangeln in unterschiedlichen Größen, Glockenstäbe oder Guiros gehören mit ins Repertoire. Diese kommen je nach Alter und Lied abwechselnd zum Einsatz. Ich begleite meistens mit der Gitarre.

Der Reihe nach sucht sich jedes Kind für das gemeinsame Lied ein neues Instrument aus. Die Triangel wird meist als erste ausgewählt.

Höchste Konzentration bei der ersten Begegnung mit einer Trommel

Vor oder nach den Musikstunden kommt man auch mit Eltern ins Gespräch. Die Kommentare, Fragen und Beobachtungen zeigen, welche Begeisterung Kinder für Musik entwickeln:

zu Josh (6 J.) *„Am besten hat ihm das Erklären und die Beschreibung der einzelnen Instrumente gefallen. Das gemeinsame Musizieren hat großen Spaß gemacht."*

zu Mina (4 J.) *„Mina ist immer begeistert, wenn Musiktag war, und erzählt, was gemacht wurde. Sie singt auch die Lieder, die sie gelernt hat, sehr gerne. Die Eltern-Kind-Aktionsnachmittage finde ich sehr informativ. Man kann erleben, wie die Kinder sich freuen, den Eltern zu zeigen, was sie gelernt haben, und auch wir werden an diesen Nachmittagen mit eingebunden. Vielen Dank für Ihre Bemühungen mit unseren Kindern."*

zu Timo (2 J.) *„Wir finden es sehr gut, dass es so etwas gibt. Unser Sohn ist jetzt neu mit dabei. Er singt schon zuhause und trommelt herum."*

zu Claire (4 J.) *„Insgesamt fühlt sich Claire sehr wohl und hat Spaß, vor allem am Singen (das Lied mit den Tieren). Aber auch die Musikinstrumente klingen zu lassen und zu lernen. Die Musiknachmittage sind sehr gut vorbereitet. Ich finde es toll, dass es so ein Angebot gibt, denn Musik gibt den Kindern viel mehr, als nur Worte es können."*

zu Rik (5 J.) *„Rik hat von sich aus wenig von den Musikeinheiten erzählt. Auf Nachfrage berichtet er, dass die verschiedenen Instrumente ihm gut gefallen. Am besten sei die Aktion ‚Peter und der Wolf' gewesen. Auch das Singen hat ihm Spaß gemacht."*

zu Tilo (4 J.) *„Tilo findet die Musikeinheiten gut. Es macht ihm viel Spaß, gemeinsam zu singen und die unterschiedlichen Instrumente (besonders Rasseln und Triangel) auszuprobieren. Tilo geht sehr gerne zur musikalischen Frühförderung."*

zu Paul (3 J.) *„Mein Sohn hat zwar bisher eher beobachtend mitgemacht, aber hier zuhause hat er nach kurzer Zeit schon mit dem Singen angefangen. Auch das Musizieren auf verschiedenen Instrumenten mag er durch das Musikangebot im Kindergarten. Ich als Mutter finde die Angebote sehr vielfältig und interessant, konnte aber leider beruflich bedingt nur wenig teilnehmen. Vielen Dank!"*

zu Lou (4 J.) *„Mein Sohn sagt, Musik macht Spaß, und er will auch zuhause immer etwas mit Musik machen."*

zu Ina (4 J.) *„Ina geht sehr gerne zur Musik. Sie erzählt von den vielen Instrumenten, die sie dort kennengelernt hat, und von den vielen Liedern, die sie auch Zuhause singt. Die Eltern-Kind-Nachmittage waren auch sehr bereichernd, mit den Kindern neue und altbekannte Lieder zu singen und sich miteinander dazu zu bewegen."*

3 Die Projekte

Um die Kinder in ihren altersgemäßen Bedürfnissen abzuholen, sind unterschiedliche Arbeitsweisen in den Kleingruppen nötig. So werden im Folgenden drei Projekte beschrieben, die im Mittelpunkt der musikalischen Umsetzung über das Jahr hinweg stehen:

„Musikalische Sprachförderung" mit den Kleinsten (bis einschließlich 3 Jahre) Zuhören lernen und Mitmachen bzw. Mitplappern, animiert durch die ersten einfachen Instrumente (Klanghölzer, Rasseln, Glöckchen), sowie den eigenen Körper als Instrument erfahren.

„Rhythmus und Klang" mit den 4- bis 5-Jährigen
Musik fühlen und dazu mit den Instrumenten aus der Elementarpädagogik spielen. Über die Musik gewinnen die Kinder wichtige Erfahrungen über sich selbst. Sie lernen, ihre Empfindungen auszudrücken und damit spielerisch zu experimentieren und in Interaktion mit anderen Kindern und Erwachsenen zu gehen. Die Inhalte der Lieder werden gespielt. Beim Katzentanz übernimmt beispielsweise ein Mädchen die Hauptrolle und die anderen Kinder sind die Tiere, die in den einzelnen Strophen mit der Katze tanzen. Die Kinder empfinden die Charaktereigenschaften des jeweiligen Tieres spielerisch nach. Das begeistert diese Altersgruppe sehr. Oder bei einem anderen Lied, das von Instrumenten in einem Orchester handelt, spielen die Kinder, während sie singen, pantomimisch Trompete, Pauke, Klarinette oder Geige. So fühlen sie sich in die Variationen und musikalischen Ausdrucksmöglichkeiten ein.

„Musik in Bewegung" mit den Vorschulkindern ab 6 Jahren
Lieder werden gesungen und im Tanz oder im Rollenspiel umgesetzt. Anspruchsvollere Liedbegleitung mit wechselnden Instrumenten und vor allem auch Trommelsequenzen.

3.1 Musikalische Sprachförderung

Mit den Jüngsten im Kindergarten nutzt man einfache Instrumente aus der Elementarpädagogik, die speziell für die Kleinkinder angeschafft wurden und ohne Gefahr auch in den Mund genommen werden können. Das sind vor allem kurze, leichte Klanghölzer aus glattem Bambusholz, verschiedene Rasseln mit Griff, kleine Egg-Shaker (einer Rassel in Ei-Form), Glöckchen oder später auch kleine Triangeln.

Zuerst werden die Instrumente erkundet. Gemeinsam finden wir heraus: Wie klingen die Instrumente aus Holz? Wie klingen die aus Metall? Kann ich die Instrumente mit geschlossenen Augen erkennen und benennen? Welche sind laut, welche leise und was ist mein Lieblingsinstrument?

Die Klanghölzer werden erforscht: Die Allerkleinsten nehmen die Hölzer natürlich zuerst in den Mund und beginnen dann, damit auf den eigenen Körper zu klopfen, bevor sie beide Holzstäbe aneinanderschlagen. Welche Überraschung und welche Begeisterung breiten sich aus, wenn die Kinder den hellen Klang hören! Voller Freude schlagen sie erneut die Stäbe aneinander und mit glühendem Eifer variieren sie wieder und wieder ihr Spiel: Man kann zu zweit und alleine klopfen, die Klanghölzer leise reiben oder laut hämmern und mit der Zeit verschiedene Rhythmen spielen.

Auch die Rasseln sind sehr beliebt. Durch die einfache Handhabung stellen sich augenblicklich Erfolgserlebnisse ein. Mit Rasseln können die Kinder schon die ersten Lieder begleiten. Hier eines der Lieblingslieder, welches von den Kindern regelmäßig gewünscht und mit Begeisterung gesungen wird. Es vereint sich das Instrumentenspiel mit Bewegungen, Singen und der Begegnung im Kreis.

In Rasselprasselhausen[1]

Die Kinder stehen im Kreis und haben eine Rassel in der Hand. Mit den Allerjüngsten kann man dieses Lied auch problemlos im Sitzen durchführen. Besonders schön ist es, wenn mindestens 3 verschiedene Sorten Rasseln zur Verfügung stehen. Das erhöht die Klangvielfalt. Das Lied wird gesungen und dazu die entsprechenden Bewegungen (*kursiv*) ausgeführt:

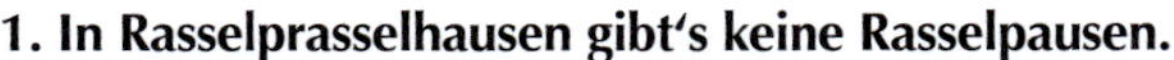

1. In Rasselprasselhausen gibt's keine Rasselpausen.
(Kinder spielen mit Rasseln im Rhythmus und gehen dazu im Kreis herum.)
Wir sind in einer Stadt, die Rasseln gerne hat!
(Bei „Rasseln" laut und schnell rasseln.)

2. In uns'rem Rassellande sind wir die Rasselbande.
(Mit der Rassel im Rhythmus auf sich selbst klopfen.)
Das allerkleinste Kind lernt rasseln ganz geschwind!
(Mit der Rassel Richtung Boden rasseln und etwas in die Knie gehen.)

3. Beim Essen und beim Trinken tun wir mit Rasseln winken.
(Mit der Rassel winken.)
Bei jeder Spielerei sind Rasseln mit dabei!
(Auf der Stelle hüpfen und dabei *schnell rasseln.)*

4. Die Rasseln, die wir lieben, sie sind total verschieden.
(Die Kinder drücken ihre Rassel an ihr Herz und zeigen sich gegenseitig ihre Rasseln.)

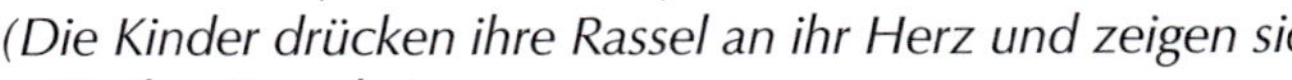

Mal sind sie groß, mal klein, und klingen auch ganz fein.
(Im Rhythmus über dem Kopf, dann in Kniehöhe spielen. Rassel ans Ohr halten und leise spielen.)

Die Triangel ist besonders beliebt, denn Kinder reagieren vor allem auf helle und hohe Töne. Sie lernen, wie man eine Triangel hält und anschlägt. Nach mehreren Anläufen können sie dies schon richtig gut. Vormachen, Beobachten und Nachahmen sind Grundsteine der musikalischen Früherziehung.

Sobald die Kinder ihren Namen aussprechen können, wird dies musikalisch unterstützt. Wie tönt mein Name, wenn ich ihn zum Klang der Triangel spreche? Jan, der eine Silbe hat, schlägt die Triangel einmal an, Johann zweimal und Isabell sogar dreimal. Am Anfang des Jahres – die meisten Kinder sind noch nicht zwei Jahre alt – ist es wichtig, mit der Triangel von Kind zu Kind zu wandern und jedem einzelnen immer wieder vorzuspielen und zu zeigen, wie man der Triangel einen Ton entlockt. Die Feinmotorik ist bei vielen Kindern noch nicht so weit entwickelt, um Greifen, Hochhalten und Anschlagen zu koordinieren. Es kann ein halbes Jahr dauern, bis sie mit der Triangel sicher umgehen können. Dabei findet jedes Kind seinen eigenen Weg, baut Zwischenschritte ein und probiert individuelle Varianten aus.

Es gibt Kinder, die zuerst nur den Stab anfassen wollen. Die Triangel wird dann von mir für das Kind so gehalten, dass die kleinen Händchen schließlich die Bewegung des Anschlagens vollbringt. Die Kinder strahlen, wenn endlich ein leises „Pling" ertönt. Meistens will ein Kind bei der ersten Begegnung mit der Triangel jedoch gleich alles anpacken, sie abtasten, in den Mund nehmen oder damit auf den Boden klopfen. Sie wollen das neue „Ding" mit allen Sinnen erleben. Die Phase des Ausprobierens kann sich über mehrere Musikeinheiten erstrecken. In diesen Prozess des Entdeckens greife ich nicht ein. Ein richtiges oder falsches Spiel gibt es nicht. Je länger diese erste Phase der Selbsterfahrung dauert, umso kreativer, lebendiger und fröhlicher wird das gemeinsame Musizieren.

Den eigenen Körper als Musikinstrument einzusetzen, ist ein wichtiger Kontrast zum Spiel mit den Instrumenten. Mit Händen und Füßen unmittelbar Laute zu erzeugen, die sich mit einer Körperempfindung verknüpft, ist wichtig für komplexere Lieder, Tänze und Begleitung mit Instrumenten, was die Kinder später lernen. Zu hören, dass Klatschen, Stampfen, Tippen, Schnalzen verschieden klingen und laut und leise, langsam und schnell unterscheiden zu lernen, will lange geübt und immer wieder ins Bewusstsein gerufen werden.

Im weiteren Verlauf des Jahres werden auch Schellen und Glöckchen eingesetzt, die besonders in der Advents- und Weihnachtszeit für eine passende Atmosphäre sorgen. Aber auch einfache Klangtiere sind für die Kleinsten interessant. So lernt eine Gruppe von 2- bis 3-jährigen Kindern ein Frosch-Klangtier kennen. Wenn man mit dem Stab über den Rücken des Holzfrosches streicht, ertönt ein Quaken. Dies regt zum Mitquaken und Nachmachen an. Der Frosch wird dann jedem Kind in die Hand gesetzt, so dass es lernt, ihn zum Klingen bzw. Quaken zu bringen.

Jedes Kind freut sich, wenn es etwas alleine geschafft hat. Deshalb wird den Kindern viel Raum für eigene Experimente gegeben. Sie sollen ausprobieren und Erfahrungen sammeln, denn daran wachsen sie und es verschwinden Unsicherheiten und Schüchternheit. Die Kinder werden selbstsicher und trauen sich immer mehr zu.

3.2 Rhythmus und Klang

Bei diesem Themenschwerpunkt mit den 4- und 5-jährigen Kindern werden unterschiedliche, den Kindern noch unbekannte Instrumente eingesetzt. Mit einer Kalimba, einem Lamellophon aus den traditionellen afrikanischen Instrumentenkreis, kann man sehr schön Geschichten untermalen und das Zuhören schulen. Feinere Töne und Melodiefolgen wahrzunehmen, ist in diesem Alter möglich und sollte musikalisch entsprechend aufgegriffen werden. Die 4-jährige Monika kann gar nicht genug von der Kalimba bekommen und ist schon sehr geschickt, wenn sie die Töne mit ihren Fingerspitzen selbst hervorrufen darf. Kinder, deren Händchen noch sehr klein sind, legen die Kalimba vor sich auf den Boden und zupfen die Metalllamellen einzeln an. Kinder mit größeren Händen umfassen das Instrument und spielen mit beiden Daumen. Dabei wird eine kleine Geschichte erfunden, die nicht selten die jüngsten Erlebnisse der Kinder wiederspiegelt.

Die folgenden Bilder zeigen einige Kinder mit der Klangkugel. Sie ist aus Metall mit einer Glocke in der Mitte, die, durch Schütteln aktiviert, einen „magischen" Ton erzeugt. Das Glöckchen im Inneren ist nicht sichtbar. Das macht sie geheimnisvoll und besonders kostbar. Mit ihr kann man eine stillere, konzentrierte Stimmung

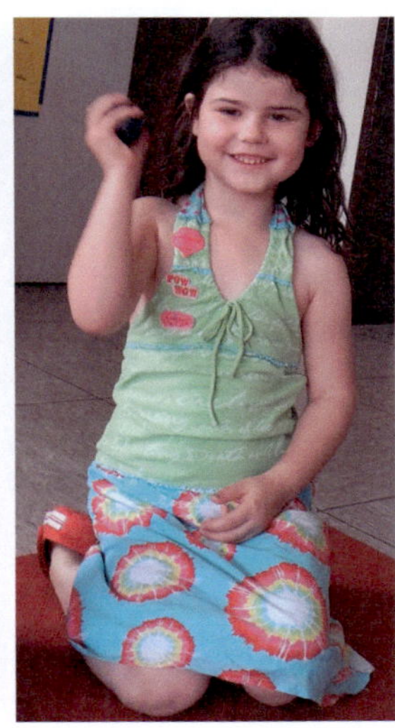

erzeugen. Durch sie wird u. a. genaues Hinhören unterstützt und die Phantasie angeregt. In den musikalischen Einheiten ist sie mal eine Wunschkugel, mal rollt sie von Kind zu Kind und erzählt mit ihrem unterschiedlichen Klang etwas über die Namen der Kinder. Im Spiel mit ihr entsteht sofort eine zauberhafte Atmosphäre, die aufgedrehte Kinder besänftigt und zurückhaltende aus ihrer Passivität lockt. Behutsam muss die Klangkugel behandelt werden. Das wirkt beruhigend und bringt die Kinder dazu, fein und differenziert zu lauschen. Oft kommt sie zum Einsatz, wenn ein Kind Geburtstag hat und die anderen Kinder über die Klangkugel ihre Glückwünsche zum Geburtstagskind kullern können.

Um einen Klang zu erzeugen, muss man die Kugel schütteln. Je nachdem, ob man schnell oder langsam schüttelt, klingt sie etwas heller oder dunkler. Wird so etwas Außergewöhnliches hin und wieder in der Musikstunde eingesetzt, wird die Neugier der Kinder geweckt und die Vielfalt der Musik erlebbar gemacht.

Der Frage, was Musik eigentlich ist und wie wir einen Ton hören können, gehen die 4- bis 5-Jährigen mit großem Eifer nach. Wie kleine Detektive suchen sie nach Erklärungen, wie z.B. die Gitarrensaite schwingt und sich im Gitarrenkörper verstärkt und wie der Schall schließlich ins Ohr gelangt. Selbst Töne zu erzeugen – natürlich vor allem über das Singen – stehen im Vordergrund. Selten können Kindergartenkinder schon pfeifen, aber mit etwas Geduld und Ehrgeiz kann auch einmal ein kleines Pfeif- bzw. Pustekonzert entstehen. Die Übung der Mundmuskulatur mit ihren vielen Möglichkeiten unterstütze ich durch ganz einfache Einton-Blasinstrumente, wie z. B. mit der Klangeule, die von den Kindern schnell ins Herz geschlossen wird.

Die Technik des Hineinpustens, um der kleinen Holzeule ein „Uhu-Uhu" zu entlocken, ist selbst für die größeren Kinder nicht ganz einfach. Im richtigen Winkel gehalten und angeblasen, ertönt ein täuschend echter Eulenruf.

Es ist gar nicht so einfach, Luftholen, Pusten und die richtige Haltung zu koordinieren. Bei jedem Kind klingt der Ruf der Eule ein wenig anders. Für manche Kinder ist es schwierig abzuwarten, bis sie an der Reihe sind und endlich auch die Eule halten dürfen. Wenn sie erleben, dass jedes Kind genug Zeit hat, sich mit dem Klangtier zu beschäftigen, entspannen sie sich jedoch langsam.

Sogar die großen Jungs waren begeistert, konnten die Konzentration halten und entwickelten eigene Ideen. In einigen Musikeinheiten setzte ich eine Klangeule im Rollenspiel und bei einer neuen Klanggeschichte ein. Diese erzählt von der kleinen Eule, die immer tiefer in den Wald fliegt und in der Stille verschiedene Geräusche hört, diesen folgt und entdeckt, woher oder von wem das Geräusch stammt. So lernt sie viel über das Hören und findet neue Freunde. Das Zusammenspiel von Holztier und Geschichte regt die Kinder zu immer neuen Wendungen an, bei denen die kleine Eule jedes Mal andere Abenteuer erlebt. Konstantin erzählt, wie sie einem großen Eisbären begegnet, der ganz tief brummt. Bei Laura fliegt die Eule mit einem Einhorn auf und davon und Piet lässt die Eule sogar die Bekanntschaft mit einem Außerirdischen machen, der die verrücktesten Töne von sich gibt.

Auch das Wetter und die jeweilige Jahreszeit werden in der musikalischen Frühförderung aufgegriffen und rhythmisch-musikalisch umgesetzt: Sanfte Regentropfen, den Wind oder ein Gewitter spielen wir mit den Instrumenten nach. Wie klingt ein Blitz? Wie können wir den Donner musikalisch darstellen? Welches Instrument könnte ein Sonnenstrahl sein? Da der Bewegungsdrang der Kinder sehr groß ist, benutze ich außerdem viele Antwortgesänge, z. B. Geschichten von Indianern oder Räubern zum Mitspielen, die für diese Altersklasse angemessen sind.

Wir fliegen wie die Adler [2]

Besonders oft wird der Adlergesang gewünscht, ein Antwortgesang, der so gestaltet ist, dass der Häuptling (in der Regel der Lehrer) eine Zeile vorsingt und die Bewegungen dazu zeigt, die Indianer (Kinder) die Zeile wiederholen und die Bewegungen nachahmen.

Wir fliegen wie die Adler
(Hände mit langen Armen in Herzhöhe zusammenlegen, und wieder auseinander zur Seite gleiten lassen.)

Fliegen so hoch
(Arme seitlich heben und die Hände über dem Kopf zusammenlegen.)

wir kreisen hoch am Himmel
(Hände auf die Schultern und die Ellenbogen nach hinten kreisen.)

Mit Flügeln stark und groß
(Arme zur Seite ausstrecken und nach rechts und links drehen.)

Refrain:
Hey, witchi tai tai, witchi tai ho,
hey, witchi tai tai, witchi tai he.
(Singen und dabei mit der rechten Hand das linke gehobene Knie bzw. mit der linken Hand das rechte Knie kurz berühren und danach zweimal klatschen.)

Anfangs wird dieses Lied am Platz durchgeführt, später können die Kinder auch in Kreisform laufen. Am besten dreimal wiederholen, damit die Bewegungen fließender zum Gesang passen.

3.3 Musik in Bewegung

In allen Gruppen habe ich über das ganze Jahr hinweg immer wieder die Trommeln eingesetzt. Sie sind im Kindergarten „St. Willibrord" in ausreichender Anzahl vorhanden, so dass jedes Kind in der Kleingruppe eine Trommel zur Verfügung hat. Diese Instrumente lösen immer viel Begeisterung aus und sind vielseitig und gruppenübergreifend einsetzbar. Besonders für die Vorschulkinder sind die Trommeln attraktiv. Die Ältesten im Kindergarten können sich am schnellsten auf einfache Betonungen und unterschiedliche Taktfolgen einlassen und probieren auf Anhieb verschiedene Techniken aus.

Unbefangen spielen sie mit den Instrumenten, variieren den Rhythmus und entwickeln sogar kleine Musiksequenzen. Vor allem Jungen lieben das Trommeln, da rasch ein Erfolgserlebnis hörbar und fühlbar ist, denn das Anschlagen eines Trommelfelles braucht keine große Übung.

Auch die Mädchen legen los: Zunächst bevorzugen sie feinere und differenzierte Töne und beobachten genau, was passiert, wenn man wilder spielt. Ist dies willkommen und wird in einer Trommelgeschichte sogar gewünscht, haben auch die Mädchen Spaß daran, einmal einen richtig lauten Klang zu erzeugen. Schnell jedoch kehren die meisten zu Pferdegetrappel zurück oder sind an unterschiedlichen Rhythmusmustern und Experimenten interessiert.

Wie wichtig Rhythmik besonders für die Entwicklung der Sprache ist, wird in *Meyers Taschenlexikon Musik* beschrieben: *„Rhythmische Erziehung ist eine Form der Musik- und Bewegungserziehung, bei der Melodie, Rhythmus, Formverlauf, Dynamik und Ausdruck von Musik in Bewegung umgesetzt werden. [...] [Sie] beruht auf einem ganzheitlichen, auch stark sozialpädagogisch orientierten Erziehungsprinzip; sie soll durch körperliche Schulung und Raumbeherrschung sowohl zu eigenschöpfer. Tätigkeit als auch zu sozialem Verhalten* führen.“ [3]

Die Djembe, eine afrikanische Trommel, ist bei den Kindern besonders beliebt. Der Holzkörper mit stabilem Stand ist extrem fest und mit recht dünnem Ziegenfell bespannt. Für Kinder gibt es kleine handlichere Djemben. Sie werden mit den flachen Händen gespielt. Charakteristisch für diese Trommel ist ein tiefer Bass, wenn man mit der Hand flach auf die Mitte des Felles patscht, aber auch ein heller Ton, wenn man näher am Rand spielt. Alle Kinder lernen dies sehr schnell. Meist beginnt das Spiel mit dem Wind, der durch Streichen erzeugt wird. Dann kommt der Regen mit den Fingerspitzen bis schließlich der Trommeldonner durch den ganzen Kindergarten hallt.

Moritz ist ein sehr übermütiger Junge, der schnell unkonzentriert ist und die Musikeinheiten eher langweilig findet. Oft ist Überredungskunst gefordert, um ihn zum Mitmachen zu bewegen - mit einer Ausnahme: wenn getrommelt wird! Nach dem ersten lauten wilden Draufhauen wird er merklich ruhiger, kann besser zuhören und versteht zunehmend, dass es Spaß macht, auch in der Gruppe zusammen zu musizieren und nicht nur im Alleingang der Lauteste sein zu wollen. Wenn Moritz lospoltert, distanzieren sich die anderen Kinder von ihm, doch sie rücken näher, sobald er sich etwas angleicht. Dies kann positiv verstärkt werden, indem jedes Kind einmal einen Rhythmus (wie ein Dirigent) auf seiner Trommel vorgibt und die übrigen Kinder versuchen, genauso zu trommeln wie das Dirigentenkind. So findet sich schließlich die Gruppe zusammen und die Kinder erleben, wie viel Freude es macht, wenn alle aufeinander hören und sich jeder abwechselnd präsentieren kann.

Die Vorschulkinder lernen, wie man den passenden Rhythmus zu einem Lied findet und durchhält. Differenzierungen wie laut und leise, schnell und langsam, je nach Stimmung des Liedes, werden eingeübt.

Verschiedene Lieder, wie z. B. „Der Trommelkönig von Kalimbo" aus Uli Führes Buch *Mobo Djudju* oder „ObwiSana", das traditional aus Ghana stammt, können sehr gut mit der Unterstützung der Djemben begleitet werden. So sind die Trommeln das ganze Kindergartenjahr nicht nur bei den Vorschulkindern sondern auch bei den Jüngeren immer wieder im Einsatz gewesen.

Diese Jungen lernen, wie man beim Trommeln aufeinander hört, so dass ein gemeinsamer Klang entsteht. Mal gibt einer den Rhythmus vor, mal ein anderer und die übrigen versuchen, gemeinsam dem Takt zu folgen. Keine leichte Aufgabe!

Ein Höhepunkt ist die Umsetzung des musikalischen Märchens von Sergei Prokofjew „Peter und der Wolf". Die Erzählung wird über mehrere Wochen mit den Kindern kreativ und spielerisch erarbeitet:

- „Peter und der Wolf" wird vorgestellt. Zunächst hören die Kinder das Stück und die verschiedenen Instrumente den Figuren im Märchen werden erklärt.
- Erneut hören wir „Peter und der Wolf". Die Instrumente werden diesmal auf Bildern gezeigt. Wir betrachten sie und sprechen darüber.
- Die Kinder lauschen dem Märchen „Peter und der Wolf" und malen die Geschichte, so dass ein kleines Bilderbuch entsteht. Die Bilder werden im Kindergarten ausgestellt.
- Zum Klang des Musikstückes „Peter und der Wolf" spielen die Kinder die Szenen nach. Jedes Kind übernimmt eine Rolle.

Da der Großteil der Kinder zum ersten Mal mit klassischer Musik in Berührung kommt, ist es wichtig, langsam und behutsam vorzugehen, zumal die musikalische Untermalung große Spannung erzeugt. Sind sehr ängstliche Kinder in der Gruppe, die sich schnell fürchten, sind mehr Pausen beim Zuhören angebracht. Fragen werden beantwortet und durch geduldige Erklärungen Spannungen abgebaut und die Neugier auf den Fortgang der Geschichte geweckt.

Die Geige, die zuerst, zusammen mit Peter, vorgestellt wird und der Vogel, sein Freund, welcher durch die Querflöte symbolisiert wird, bilden den Anfang. Hier vermittelt das pantomimische Nachspielen von Geigen und Flöten, das Aufmalen des Instrumentes und das wiederholte Anhören des Themas von Peter und dem Vogel erste Sicherheit. So wirkt die klassische Musik nicht mehr ganz so fremd. Wenn die Katze und die Ente auftauchen, gibt es viel Gelächter, da Querflöte und Oboe den Tierlauten wirklich sehr nahe kommen. Aber spätestens beim Großvater (Fagott) und dem Wolf (Hörner) und wenn die Pauken für die Jäger erschallen, wird es sogar den Vorschulkindern etwas unheimlich. Doch sobald sie in die verschiedenen Rollen schlüpfen, verwandelt sich die anfängliche Furcht vor dem Wolf recht schnell in Sympathie. Fast alle Jungs wollen einmal der böse Wolf sein. Aber danach sind Peter und die Jäger interessant. So werden spielerisch und fast wie nebenbei klassische Elemente eines Konzertes und Instrumentenkunde vermittelt.

„Peter und der Wolf" entstand im Jahre 1936 und war damals schon ein großer Erfolg. Prokofjew hatte das Stück für Orchester und Sprecher als Auftragskomposition für das Moskauer Kindertheater innerhalb von nur drei Wochen komponiert. Auch die Texte hat er selbst dazu geschrieben. Damals wie heute ist diese musikalische Erzählung eine wunderbare Form, Kindern die Instrumente eines Orchesters nahezubringen. Besonders eifrig waren die Kinder, hier besonders die Mädchen, beim Malen und Ausmalen der Instrumente und der einzelnen Szenen. Sie tauchten emotional tief in die musikalische Geschichte ein und wollten diese auch Monate danach immer wieder anhören.

---

1 Hirler, Sabine: *Mit Rhythmik durch die Jahreszeiten*, o. S.

2 Goldstein; Gorzolka; Quast: Ent*spannungswerkstatt für die Grundschule*, S. 67 ff.

3 Eggebrecht, Hans (Hrg.): *Meyers Taschenlexikon Musik*, Bd. III, S. 105 f.

4 Eltern-Kind-Aktionen

In regelmäßigen Abständen werden Eltern, Großeltern und Geschwisterkinder zu Eltern-Kind-Aktionen (45 Minuten) am Nachmittag eingeladen. Informationen mit Liste hängen im Kindergarten aus aus. Mindestens 12 und höchstens 24 Personen können daran teilnehmen. Die Eltern lernen mich und die musikalische Frühförderung auf diese Weise besser kennen und die Kinder können zeigen, welche Lieder wir eingeübt haben und welche Instrumente sie spielen können. Das ist wichtig für die Kinder, denn sie sind stolz auf das Gelernte und freuen sich, wenn sie wieder etwas Neues können. Natürlich werden alle Anwesenden bei den Liedern zum Mitmachen animiert, was immer sehr gut klappt und allen große Freude bereitet.

Besonders beliebt sind die Bewegungsspiele und Tänze, welche auch als Anregung für die Eltern z. B. für Kindergeburtstage gedacht sind. Außerdem lernen die Eltern die gängigsten Lieder aus den musikalischen Einheiten kennen. Sie sind dankbar dafür, dass sie nun endlich wissen, was ihre Kleinen zu Hause vor sich hin summen oder singen. Ein weiterer positiver Anreiz ist, dass die Kinder die Eltern-Kind-Aktion als kleine Aufführung erleben und somit sehr motiviert sind. Die Gespräche mit den Eltern nach der Veranstaltung sind für alle Beteiligten wichtig und hilfreich, um Besonderheiten von Kindern zu verstehen und zu berücksichtigen.

Der Nachmittag im Dezember ist beispielsweise inhaltlich auf Weihnachten eingestimmt mit eher stilleren Liedern und einer sehr schönen Weihnachtsgeschichte (Spuren im Schnee), die als Rollenspiel mit Instrumenten umgesetzt werden. Der April wartet mit dem Thema „Frühling lässt sein blaues Band" auf und weitere Eltern-Kind-Aktionen finden inhaltlich zu Tänzen, kleiner Instrumentenkunde und zu Liedern mit dem Motiv „Wir wachsen immer weiter" statt.

Manchmal kommen auch externe Eltern mit Kindern aus der Gemeinde von St. Willibrord dazu. Dies ist sehr bereichernd, da eine frische Dynamik entsteht und auch Rückmeldungen von außen wertvoll sind. Auch Geschwisterkinder, die bereits in die Schule gehen und sich noch gut an die musikalische Frühförderung erinnern, sind manchmal dabei. Es ist schön, sie wiederzusehen und zu hören, dass sie sich noch gut an die Musikstunden im Kindergarten erinnern. Viele Liedtexte haben sie noch parat. Sie tauchen gerne wieder in die spielerische Atmosphäre ein.

Im Kreis zu stehen und alleine einen Teil in einem Singspiel zu übernehmen, erfordert besonderen Mut. Oft benötigt ein Kind mehrere Anläufe, um eine Rolle anzunehmen. So ist es hilfreich, wenn auch ein Elternteil in der Runde ist. Lieder wie „Anne Kaffeekanne" oder „Der Katzentanz" eigenen sich besonders gut, um Kinder (und Eltern) zu begeistern.

5 Abschluss und Ausblick

Das musikalische Jahr im Kindergarten ist sehr schnell vergangen und brachte den Kindern einen vielfältigen Zugewinn. Stille Kinder wurden offener und selbstbewusster, temperamentvolle Kinder lernten achtsamer hinzuhören - ohne Druck, allein durch die Musik. Die Rückmeldungen der Eltern und der Kindergartenleitung sind positiv und ich freue mich auf ein weiteres Jahr mit neuen Schwerpunkten und frischen Ideen. Das Medium der Musik eignet sich bestens, das Selbstwertgefühl zu steigern und sicherer im eigenen Ausdruck zu werden.

Es ist schön, dass die musikalische Frühförderung ein fester Bestandteil im Kindergarten St. Willibrord in Bedburg ist. Ich bedanke mich für die Unterstützung der Leiterin Frau Irmgard Rüttgers und die offene Haltung aller Erzieher. Ohne diese wechselseitige Sympathie und das gemeinsame Ziel, die Kinder bestens zu fördern, wäre eine solche Arbeit kaum möglich. Es macht viel Freude, dort zu arbeiten! Dazu ein Erlebnis:

Vom kleinen Bedburger Bahnhof laufe ich morgens noch 10 Minuten bis zum Kindergarten. Auf halber Strecke treffe ich die 5-jährige Caroline mit ihrer Mutter, die ebenfalls zu Fuß Richtung Kindergarten St. Willibrord unterwegs sind. Es ist schon herbstlich und in der Woche zuvor habe ich mit den Kindern ein Lied von tanzenden bunten Blättern gesungen. Als Caroline mich sieht und begrüßt, erinnert sie sich daran und stimmt das Lied an. Der Mutter, die ganz erstaunt auf ihre Tochter schaut, erkläre ich kurz den Zusammenhang und drehe mich mit Caroline den restlichen Weg bis zum Kindergarten auf die Melodie des Blättertanzes. Im Kindergarten angekommen, ergibt sich noch ein nettes Gespräch mit der Mutter, die sich freut, dass ihre Kleine, die eher schüchtern ist, sich so offen und gelöst gezeigt hat.

Leider kann der Förderverein der Gemeinde St. Willibrord in Zukunft nur 150,00 € monatlich für die musikalische Frühförderung zur Verfügung stellen. Doch wäre eine Fortsetzung der Musikstunden ein Gewinn für alle Kinder. Daher sind die Leitung, die Erzieher, die Eltern und nicht zuletzt die Kinder und ich glücklich, dass ab Januar weitere Fördermittel für das Jahr 2017 seitens der Lenz-Stiftung bewilligt wurden. Dafür sehr herzlichen Dank, wir freuen uns schon jetzt auf neue kreative Musikstunden für die Kinder!

Literatur- und Quellenverzeichnis

Eggebrecht, Hans (Hrg.): *Meyers Taschenlexikon Musik,* Bd.3, B.I. Meyers Lexikonverlag, Mannheim, Wien, Zürich 1984.

Führe, Uli: *Mobo Djudju,* Fidula-Verlag, Boppard 1996.

Goethe, Johann Wolfgang von: *Wilhelm Meisters Lehrjahre,* in: Insel Goethe Werkausgabe, Bd. 4, Insel Verlag, Frankfurt/Main 1970.

Goldstein/ Gorzolka/ Quast: *Entspannungswerkstatt für die Grundschule,* Borgmann Verlag modernes lernen, Dortmund 2010.

Hirler, Sabine: *Mit Rhythmik durch die Jahreszeiten,* Herder Verlag, Freiburg 2004.

Kreusch-Jacob, Dorothée: *Musik macht klug: Wie Kinder die Welt der Musik entdecken,* Kösel-Verlag, München 1999.

Menuhin, Yehudi: *Kunst als Hoffnung für die Menschheit. Reden und Schriften,* Atlantis Musikbuch, Zürich 1997.

Menuhin, Yehudi: *Unvollendete Reise. Lebenserinnerungen,* Piper Verlag, München 1990.

Mönig, Marc: *Die Pädagogik der Yamaha-Musikschulen. Darstellung, Hintergründe und Kritik.* Bd. 65 Berliner Schriften, Wißner Verlag, Augsburg 2005.

Orff, Carl: *Schulwerk – Elementare Musik,* in: *Carl Orff und sein Werk. Dokumentation,* Bd. III, Hans Schneider Verl., Tutzing 1976.

Biographisches

Marianne Quast

geboren am 28. Oktober 1971 in Heidelberg.

Ausbildung

1992	Ausbildung zur Sozialpädagogin, katholische Fachschule für Jugend- und Heimerziehung, Heidelberg
2008 – 2009	Zusatzqualifikation in musikalischer Frühförderung (speziell für Kindergartenkinder) und Lizenz zur Mukifo-Leiterin bei MUKIFO/Hamburg

Freiberufliche Tätigkeiten

1992 – 2001	Bezirksjugendwerk in Heidelberg für kreative Kinderaktionen
seit 1992	Gitarrenlehrerin für Rhythmusgitarre
1998 – 2004	Leitung von Familienkursen im Institut für Personale Pädagogik (Tromm, Odenwald)
seit 2000	Kinderbuchillustratorin und Autorin
seit 2009	Lehrerin für Elementarpädagogik im Bereich Musikalische Frühförderung, derzeit selbstständig tätig in acht Kindergärten im Großraum Köln mit Einarbeitung von zwei Musikpädagoginnen.

Publikationen

Die offenen Öhrchen. Musikalische Frühförderung in Hürth, gefördert von der Lenz-Stiftung, Mainz 2016.

Fanti Fantus – Bilderbuch mit Lied, Spiel und Ausmalbildern, Windsor-Verlag, Hamburg 2013.

Kwars vom Mars – Das Kinderbuch für große und kleine Leser von 5 – 9 Jahren, Papierfresserchens MTM-Verlag, Lindau 2010.

EINE STIFTUNG zur Erneuerung geistiger Werte

Die Dr.-Ing.-Hans-Joachim-Lenz-Stiftung wurde 2002 als rechtsfähige öffentliche Stiftung des bürgerlichen Rechts mit Sitz in Mainz gegründet. Sie verfolgt ausschließlich und unmittelbar gemeinnützige Zwecke.

Im Wege der finanziellen Unterstützung fördert sie innovative und modellhafte Projekte auf den Gebieten der Bildung und Erziehung mit dem Ziel der Erneuerung geistiger Werte. Als Impulsgeber und Motor für dauerhafte und nachhaltige Konzepte konzentriert sie sich auf die junge Generation. Jugendliche für das Leben zu befähigen, an Werte des Geistes, an Würde, Freiheit und Toleranz zu erinnern, ist ihre höchste Aufgabe. Sie will Menschen begleiten vom Kindesalter bis zur Berufsreife, ohne soziale, politische, religiöse Unterscheidung im Sinne des Grundgesetzes. Die Themen der Stiftung sind:

Bildung

Hebung des kulturellen Niveaus
Erweiterung des allgemeinen Wissens
Zusammenführung von Geistes- und Naturwissenschaften
Persönlichkeitsentfaltung
Erneuerung eines humanistischen Menschenbildes

Erziehung

Entwicklung und Erprobung neuer Lehr- und Lernmethoden durch

- Spielendes Lernen
- Lernen durch Vorbild
- Wissenserwerb statt Wissensvermittlung

Sprache

Erhaltung und Stärkung der deutschen Sprache
Erweiterung und Pflege des Wortschatzes
Sprachliche Ausdrucksformen in Literatur und Poesie
Persönlichkeitsentfaltung durch Sprache, denn:

Mit unserer Sprache sind wir ein Leben lang unterwegs.

Die Förderung von Projekten im Sinne der Stiftungsziele wird aus Spendenmitteln finanziert. Die Akzeptanz der Stiftungsziele und des Förderprogramms drücken Spender mit ihren finanziellen Beiträgen aus. Wir freuen uns über jede Zuwendung:

Mainzer Volksbank IBAN DE29 5519 0000 0004 0040 40, BIC MVBMDE55

DR.-ING.-HANS-JOACHIM-LENZ-STIFTUNG
STIFTUNG ZUR ERNEUERUNG GEISTIGER WERTE

Am Michelsberg 1, D-55131 Mainz, Tel. 06131-832255, Fax 06131-85534
E-Mail: info@lenz-stiftung-mainz.de, www.lenz-stiftung-mainz.de

EDITION

ERNEUERUNG GEISTIGER WERTE

Dr.-Ing.-Hans-Joachim-Lenz-Stiftung

In der Edition werden Forschungsergebnisse und Modellprojekte aus dem Förderprogramm der Dr.-Ing.-Hans-Joachim-Lenz-Stiftung im Sinne der Nachhaltigkeit und Gemeinnützigkeit publiziert.

Band 1 - Die heilige Stadt
Eine Vision am Beispiel der Stadt Mainz
von Hans-Joachim Lenz,
56 Seiten, broschiert, € 8,80
ISBN 978-3-938088-00-5

Band 2 - Am Anfang waren die Werte
Plädoyer für eine Neuorientierung in der Erziehung von Kindern und Jugendlichen
von Gabriela Wolf
132 Seiten, broschiert, € 13,80
ISBN 978-3-938088-01-2

Band 3 - Leben ist Spiel
Eine Ferienwoche als Lebensschule
von Gabriela Wolf mit Christine Bredenhöller, Andrea Heck, Angelika Humann, Margit Kluge, Reinhild Michel, Sonja Wagener, Heidi Wiehr, reich bebildert.
192 Seiten, broschiert, € 25,00
ISBN 978-3-938088-02-9

Band 13 - De Dignitate Hominis
Zum Menschenbild in der Geschichte der Pädagogik
von Gabriela Wolf
160 Seiten, broschiert, € 13,80
ISBN 978-3-938088-09-8

Band 14 - Handeln als gelebter Wert
Aus Hannah Arendts Leben und Werk
von Patricia Rehm
146 Seiten, broschiert, € 12,80
ISBN 978-3-938088-15-9

Band 15 - KulturForumWissen 2007
„Wir sind auf dem Weg."
Ein Menschenbild zwischen Geist und Materie
von Hans-Joachim Lenz
52 Seiten, broschiert, € 5,80
ISBN 978-3-938088-16-6

Band 18 - Das Tagebuch
Ein Medium zur Selbstreflexion
von Sabine Gruber
122 Seiten, broschiert, € 10,80
ISBN 978-3-938088-19-7

Band 19 - Leben ist Spiel II
Eine Ferienwoche als Lebensschule in Overath
von Petra Ehrler u. a., reich bebildert
158 Seiten, broschiert, € 14,90
ISBN 978-3-938088-21-0

Band 20 - KulturForumWissen 2008
Vergessene Werte – Von den Wurzeln der Kultur
239 Seiten, broschiert, € 22,90
ISBN 978-3-938088-22-7

Band 21 - KulturForumWissen 2009
Liebe – das All-Eine
173 Seiten, broschiert, € 16,80
ISBN 978-3-938088-24-1

Band 22 - Das vergessene Wort IV
Vom Reichtum der deutschen Sprache am Elisabeth-Gymnasium, Marburg, und an der Freien Waldorfschule, Marburg
von Katrin Bibiella mit Angelika Humann
127 Seiten, broschiert, € 11,80
ISBN 978-3-938088-25-8

Band 23 - Das Hohelied vom Menschen
Eugen Finks Deutung der menschlichen Existenz
von Angelika Humann
85 Seiten, broschiert, € 8,80
ISBN 978-3-938088-26-5

Band 24 - KulturForumWissen 2010
Menschen, die die Welt bewegten
167 Seiten, broschiert, € 16,80
ISBN 978-3-938088-27-2

Band 25 - Musikalischer Spielraum
Frühbildung mit Wort, Klang und Bewegung
von Melanie Ries und Petra Ehrler
76 Seiten, broschiert, € 12,90
ISBN 978-3-938088-28-9

Band 26 - KulturForumWissen 2011
Menschen, die die Welt bewegten
181 Seiten, broschiert, € 18,80
ISBN 978-3-938088-29-6

Band 27 - Das vergessene Wort V
Vom Reichtum der deutschen Sprache am Kaiserin-Friedrich-Gymnasium, Bad Homburg
von Katrin Bibiella mit Angelika Humann
142 Seiten, broschiert, € 14,90
ISBN 978-3-938088-30-2

Band 28 - Des Wortes sanfte Macht
Salongespräche
von Ariane Martin
122 Seiten, broschiert, € 13,80
ISBN 978-3-938088-31-9

Band 29 - Das vergessene Wort VI
Vom Reichtum der deutschen Sprache
am Pädagogium Bad Sachsa
von Katrin Bibiella
98 Seiten, broschiert, € 11,90
ISBN 978-3-938088-32-6

Band 30 - Das vergessene Wort VII
Vom Reichtum der deutschen Sprache
am Ratsgymnasium Minden
von Angelika Humann
105 Seiten, broschiert, € 10,90
ISBN 978-3-938088-33-3

Band 31 - KulturForumWissen 2012
Soziale Modelle – Poesie des Lebens?
187 Seiten, broschiert, € 19,90
ISBN 978-3-938088-34-0

Band 32 - Briefe – Zeugnisse deutscher Sprachkultur
Von den Anfängen bis zur Gegenwart
von Katrin Bibiella
171 Seiten, broschiert, € 19,90
ISBN 978-3-938088-35-7

Band 33 - KulturForumWissen 2013
Menschen, die den Weg ins Ungewisse wagten
180 Seiten, broschiert, € 21,90
ISBN-13 978-3-938088-36-4

Band 34 - Mutter oder Göttin
Frühzeitliche Kultur im Osten Europas
von Jaqueline Mischer
175 Seiten, broschiert, € 17,90,
ISBN 978-3-938088-37-1

Band 35 - Das vergessene Wort in Heilbronn
Vom Reichtum der deutschen Sprache
am Robert-Mayer-Gymnasium Heilbronn
von Angelika Humann
115 Seiten, broschiert, € 12,90
ISBN 978-3-938088-38-8

Band 36 - Der Gral bei Wolfram von Eschenbach und Richard Wagner
Metamorphosen eines Motivs
von Liliana Emilia Dumitriu
244 Seiten, broschiert € 22,80
ISBN 978-3-938088-39-5

Band 37 - Das vergessene Wort in Würzburg
Vom Reichtum der deutschen Sprache
von Angelika Humann
112 Seiten, broschiert € 12,90
ISBN 978-3-938088-40-1

Band 38 - KulturForumWissen 2014
Die großen Komödianten
176 Seiten, broschiert € 18,90
ISBN 978-3-938088-41-8

Band 39 - Das vergessene Wort in Hanau
Vom Reichtum der deutschen Sprache
von Angelika Humann
108 Seiten, broschiert, € 10,90
ISBN 978-3-938088-42-5

Band 40 - KulturForumWissen 2015
Menschen, die die Welt beherrschen wollten
– eine kritische Betrachtung
156 Seiten, broschiert € 18,90
ISBN 978-3-938088-43-2

Band 41 - Das vergessene Wort in Heilbronn II
Vom Reichtum der deutschen Sprache
von Angelika Humann
100 Seiten, broschiert, € 11,90
ISBN 978-3-938088-44-9

Band 42 - Das wache Auge
leben ist wahrnehmen
von Sonja Schmitz
56 Seiten, broschiert, € 11,50
ISBN 978-3-938088-45-6

Band 43 - Die offenen Öhrchen
Musikalische Frühförderung in Hürth
von Marianne Quast
42 Seiten, broschiert, € 8,90
ISBN 978-3-938088-46-3

Band 44 - Das vergessene Wort in Buchen
Vom Reichtum der deutschen Sprache
von Angelika Humann
86 Seiten, broschiert, € 9,90
ISBN 978-3-938088-47-0

Weitere Projekte siehe:
www.lenz-stiftung-mainz.de